ISBN: 978-2-7470-3205-6

18 rue Barbès – 92120 Montrouge - France
Texte de René Gouichoux
Illustrations de Gitte Spee
Dépôt légal: février 2010
Imprimé en Chine - 7e édition
Loi 49-956 du 16 juillet 1949
sur les publications destinées à la jeunesse

René Gouichoux • Gitte Spee

La princesse qui suçait son pouce

bayard jeunesse

Il était une fois une princesse qui suçait son pouce.
Le matin à son réveil, elle suçait son pouce.
À midi, elle suçait son pouce.
L'après-midi, elle suçait son pouce
et le soir, elle suçait son pouce.

C'était une jolie princesse, très jolie même.
Mais elle suçait son pouce.
Oh ! Ce n'était pas très grave !
Le matin, quand elle disait à ses parents :
– On-our-a-an ! On-our-a-a !
ils la comprenaient parfaitement.
Ils avaient l'habitude.

Ils savaient qu'elle disait :
– Bonjour Maman ! Bonjour Papa !
Alors, ils lui répondaient : –Bonjour, ma chérie !
et ils l'embrassaient.

Ce que la princesse qui suçait son pouce
préférait au monde, c'était son poulailler :
son oie, son dindon, son coq ainsi que son canard.
Et tous les matins, après avoir embrassé ses parents,
la princesse qui suçait son pouce
rendait visite à ses petits chéris.

Quand la princesse disait :
– On-our-é-e-i-é-i !
les animaux la comprenaient parfaitement.
Ils avaient l'habitude.
L'oie, le dindon, le coq et le canard
savaient qu'elle disait tout simplement :
« Bonjour, mes petits chéris ! »

Mais un matin,
il se passe quelque chose de bizarre…
La princesse qui suçait son pouce
bondit de son lit,
tire le rideau de sa fenêtre et… que voit-elle ?
Renard, le vilain goupil,
qui se glisse sous le grillage
et s'apprête à entrer dans le poulailler.
C'est sûr, il va dévorer ses petits chéris
qui dorment paisiblement !

Vite, la princesse qui suçait son pouce
ouvre sa fenêtre et crie :
– A-en-ion-e-ar-é-a !
Les animaux se réveillent.
– A-en-ion-e-ar-é-a !
répète la princesse qui suçait son pouce.
Mais cette fois,
les animaux ne comprennent rien.
Et Renard continue d'avancer en rampant.

Désespérée,
la princesse qui suçait son pouce
dévale les escaliers
et tambourine à la porte de ses parents.
– E-ar-é-a !
crie-t-elle en suçant son pouce.

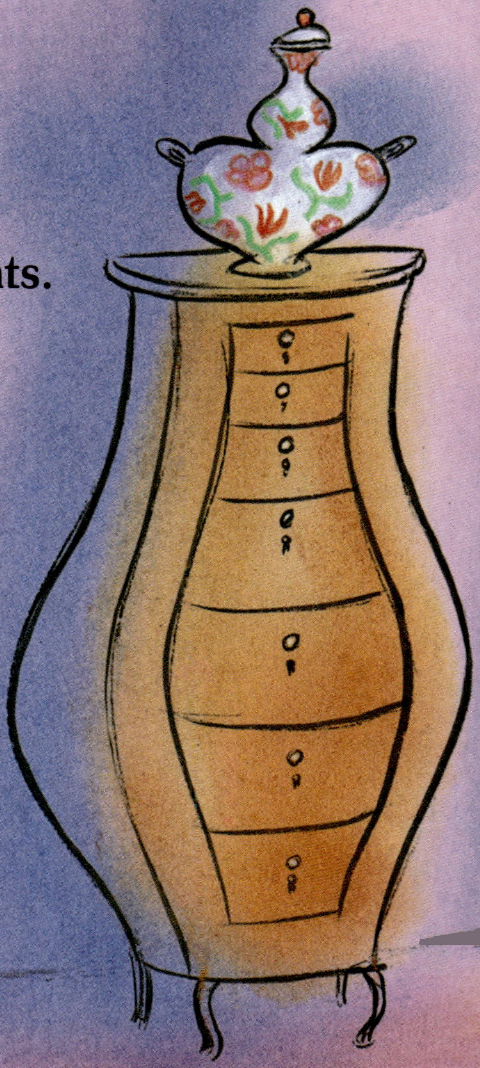

Mais ses pauvres parents
ne comprennent rien non plus.
– Que dis-tu ? dit son père.
– Que dis-tu ? répète sa mère.
Alors, la princesse enlève
son pouce de sa bouche et crie :
– Le renard est là !

D'un bond, son père est debout.
Il a tout compris. Il se précipite un bâton à la main.
Juste quand Renard allait engloutir le canard,
il lui assène une volée de coups de bâton.
– Aïe ! Aïe ! Aïe ! hurle Renard qui s'enfuit au plus vite.

– Mes petits chéris sont sauvés,
comme je suis heureuse ! dit la princesse.
– Mais, tu parles drôlement bien ! dit son père.
C'est formidable !
– Évidemment ! dit la princesse.
Que croyais-tu que je faisais en suçant mon pouce ?
Je m'entraînais à bien parler.
Et la princesse s'éloigna dignement.

Collection Les Belles Histoires des tout-petits

Fiches pédagogiques pour ces ouvrages disponibles sur **www.bayardeducation.com** !